劉智鵬 劉蜀永 編著

香港相冊

回歸25年來的
歷史記憶

序言

　　二零二二年是香港回歸祖國二十五周年，意義重大。正如國家主席習近平在慶祝香港回歸祖國二十五周年大會暨香港特別行政區第六屆政府就職典禮上所說，「香港回歸祖國，開啟了香港歷史新紀元。二十五年來，在祖國全力支持下，在香港特別行政區政府和社會各界共同努力下，『一國兩制』實踐在香港取得舉世公認的成功」。

　　紫荊文化集團在此際出版《香港相冊：回歸25年來的歷史記憶》大型圖集，誠屬美事。圖集由本港歷史專家擔綱編著，精選約二百張圖片，從宏觀層面着眼、細微之處入手，多角度展示香港回歸以來在政治、經濟、社會和文化等領域的發展，猶如香港近二十五年的歷史概覽。圖集既有學術價值，又具歷史意義，相信讀者可從中得到不少啟發。

紫荊文化集團與各位專家合製圖集，協力推動祖國和香港歷史知識普及化，對本港的國民教育和歷史教育貢獻匪淺，實屬難得。

　　香港近年經歷不少風風雨雨，幸有中央作為堅實後盾，才得以實現「由亂到治」的重大轉折，並向前邁進，而現在則處於「由治及興」的關鍵時期。

　　我期望圖集能令大家加深了解祖國與香港血脈相連、密不可分的關係，鼓勵大家把握機遇，積極參與國家「一帶一路」建設和粵港澳大灣區發展，並協助香港善用「一國兩制」的獨特優勢，充分發揮「背靠祖國、聯通世界」的顯著角色。

　　特區政府會繼續凝聚眾力、團結各界，齊心推動「一國兩制」行穩致遠，締建更繁榮和諧的香港社會。

香港特別行政區
行政長官李家超

目錄

CONTENTS

香港問題的
由來及解決

一、
香港自古以來
是中國領土

至少 7,000 年前香港先民已在這塊土地上勞動生息。大量出土文物說明，香港地區與廣東新石器時代和青銅時代的文化具有同一性，並與中原文化有密切的聯繫。

秦漢時期香港已納入中央政權的管轄之下。唐朝時香港的屯門已是我國古代海上絲綢之路的樞紐港口。從明朝萬曆元年（1573）到清朝英國逐步佔領香港地區為止，今深圳和香港地區同屬廣州府新安縣管轄，深港兩地可謂同根同源。

香港地區有明確歷史記載的較大規模移民活動始於宋朝。英國人佔領之前，香港已發展成為一個傳統的漁農社會，雖然無法與後來經濟高度發達的香港近代社會相比，但經濟和文化事業也有一定程度的發展，並非荒涼的不毛之地。我國傳統的民間習俗在香港亦得到傳承和弘揚。

●左｜1996年，香港中文大學中國考古藝術研究中心和中國社會科學院考古研究所合作發掘香港南丫島大灣，發現6,000年前的房屋聚落遺跡。（照片由鄧聰教授提供）

●右上｜1989年，南丫島大灣遺址商代墓葬群出土玉牙璋及完整串飾，被考古專家譽為港寶和國寶級文物。牙璋是禮器，大灣牙璋與商代二里頭墓葬中的牙璋，微刻風格完全一致，是商代華北地區禮制物質文明向南延伸的表現。（照片由鄧聰教授提供）

●右下｜深水埗李鄭屋邨東漢古墓內景。墓室呈十字形，墓頂作穹窿形狀，與1921年在廣州東郊駟馬岡發現的漢墓形制相同。該墓的發掘說明香港地區與廣東大陸的文化具有同一性。

羅越國又南至大海
廣州東南海行二百里至屯門山乃帆風西行二日至
九州石又南二日至象石又西南三日至占不勞山
山在環王國東二百里海中又南二日行至陵山又一
日行至門毒國又一日行至古笪國又半日行至奔陀
浪洲又兩日行到軍突弄山又五日行至海硤番人謂
之質南北百里北岸則羅越國南岸則佛逝國佛逝國
東水行四五日至訶陵國南中洲之最大者又西出硤
三日至葛葛僧祇國在佛逝西北隅之別島國人多鈔
暴乘舶者畏憚之其北岸則箇羅國箇羅西則哥谷羅
國又從葛葛僧祇四五日行至勝鄧洲又西五日行至
婆露國又六日行至婆國伽藍洲又北四日行至師子
國其北海岸距南天竺大岸百里又西四日行經沒來
國南天竺之最南境又西北經十餘小國至婆羅門西
境又西北二日行至拔颭國又十日行經天竺西境小
國五又至提颭國其國有彌蘭大河一日至新頭河自北
國來西流至提颭國北入于海又自提颭國西二十
日行經小國二十餘至提羅盧和國一日至羅和異國國
人於海中立華表夜則置炬其上使舶人夜行不迷又
西一日行至烏剌國乃大食國之弗利剌河南入于海

乾隆四年校刊
唐書卷四十三下　地理志　于

●上｜唐朝時香港的屯門已是我國古代海上絲綢之路的樞紐港口，唐朝政府曾在此駐軍2,000人。圖為1950年代的屯門青山灣。（照片由香港大學圖書館提供）

●下｜宋朝官修正史《新唐書·地理志》記載了廣州與南洋之間海上交通的情況。這是香港地區最早見載於中國史籍的一條重要資料，說明屯門在中西交通航線中確實有其地位。

● 上｜大約在明清時期，今
深圳和香港地區同屬廣州府
新安縣管轄。圖為位於深圳
南頭的新安縣城門遺址。（攝
於 2006 年）

● 下｜清嘉慶二十四年
（1819）刻本《新安縣志》中
的新安縣地圖，其中載有許
多香港地名。

● 中國傳統文化深深地影響着香港，對漁民和船民的保護神
天后的崇拜就是其中之一。圖為香港最古老的天后廟——佛
堂門天后古廟，俗稱大廟，始建於南宋時期。（攝於 2008 年）

● 新界的大家族鄧氏家族宋朝時已定居於今新界錦田。圖為屏山鄧氏宗祠。

二、
英國侵佔香港

鴉片戰爭和割讓香港島是中國歷史的轉捩點,也是香港近代史的起點。鴉片戰爭期間,英國於 1842 年強迫清政府簽訂中英《南京條約》,割佔了香港島。第二次鴉片戰爭期間,英國於 1860 年強迫清政府簽訂中英《北京條約》,割佔了九龍半島南端和昂船洲。

在列強瓜分中國、爭奪勢力範圍的背景之下,英國於 1898 年強迫清政府簽訂《展拓香港界址專條》,並通過次年的定界談判,租借了深圳河以南、今界限街以北廣大地區、附近大小 235 個島嶼以及大鵬灣、深圳灣水域,即後來所謂的「新界」,租期 99 年。通過 3 個不平等條約,英國實現了對香港地區的佔領。

英國強租新界引起新界鄉民激烈的武裝反抗,儘管由於武器裝備落後,戰鬥以失敗告終,但他們奮不顧身反抗外來侵略的愛國精神必將世代相傳。

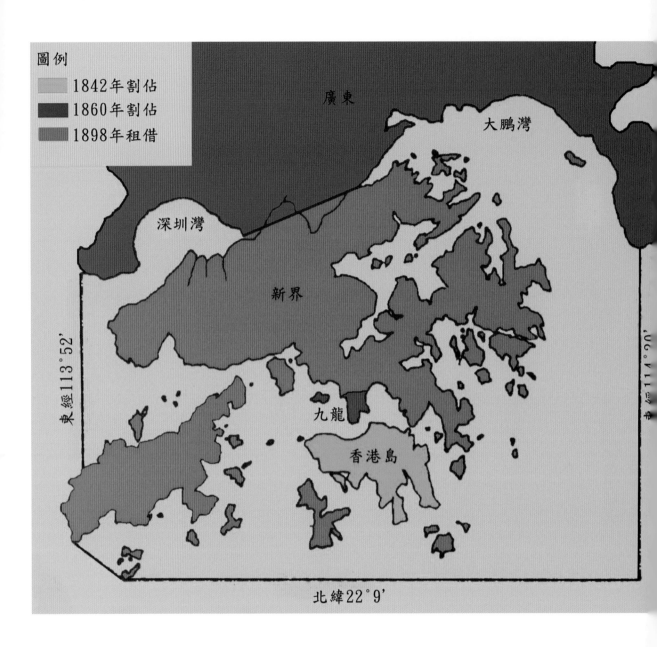

圖例
1842年割佔
1860年割佔
1898年租借

廣東

大鵬灣

深圳灣

新界

九龍

香港島

東經113°52'

東經114°30'

北緯22°9'

● 英國佔領香港地區示意圖。

●上｜罪惡的鴉片貿易是英國打開中國大門的手段。1840年6月英國發動鴉片戰爭。圖為1841年清朝水師與英軍在香港附近穿鼻洋海域激戰。

●下｜在鴉片戰爭過程中，英軍於1841年1月侵佔了香港島。圖為他們當年登陸的地點——今上環水坑口街一帶。

●砵甸乍（Henry Pottinger）指
揮英軍兵臨南京城下。1842
年 8 月 29 日，中英雙方在英
國軍艦「皋華麗」號（HMS
Cornwallis）上簽署中英《南
京條約》，將香港島割讓給
英國。

一自今以後

大皇帝恩准

大英國人民帶同所屬家眷寄居

大清沿海之廣州福州廈門寧波上海等五處港口貿易通商無礙且

大英

君主派設領事管事等官住該五處城邑專理商賈事宜與各該地方官公文往來令英

人按照下條開敘之例清楚交納貨稅鈔餉等費

一因

大英商船遠路涉洋往往有損壞須修補者自應給予沿海一處以便修船及存守所用

物料今

大英

大皇帝准將香港一島給予

大英

君主暨嗣後世襲主位者常遠據守主掌任便立法治理

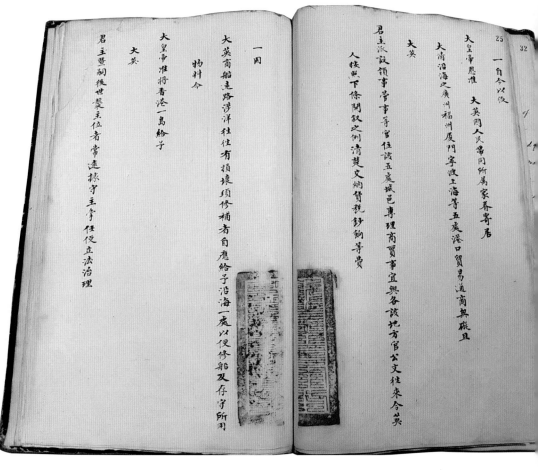

● 不平等條約中英《南京條約》關於割佔香港島的條款。

● 第二次鴉片戰爭的過程
中，英國於 1860 年 3 月派兵
侵佔九龍半島岬角尖沙咀，
並強迫廣東當局將九龍租借
給英國。圖為當時遍佈英軍
帳篷的尖沙咀，海港中停泊
着許多英國軍艦。

● 1860 年 10 月，英法聯軍進攻北京，世界名園圓明園慘遭洗
劫破壞。圖為圓明園西洋樓遺跡。（鄭玫攝）

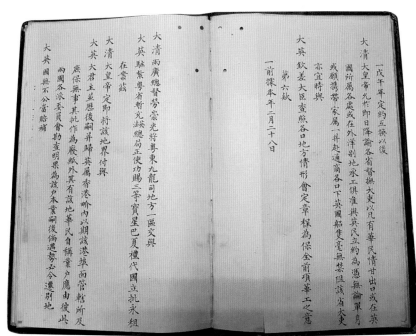

一戊午年定約互換以後

大清大皇帝允於即日降諭各省督撫大吏以凡有華民情甘出口或在英
國所屬各處或在外洋別地承工俱准與英民立約為憑無論單身
或願攜帶家屬一并赴通商各口下英國船隻亳無禁阻該省大吏
亦宜時與

大英欽差大臣查照各口地方情形會定章程為保全前項華工之意

第六欵

一前據本午二月二十八日

大清兩廣總督勞崇光將粵東九龍司地方一區交與

大英駐紮粵省暫充崿總局正使功賜三等寶星巴夏禮代國立批永租
在案兹

大清大皇帝定即將該地界付與

大英大君主並歷後嗣并歸英屬香港界內以期該港面管轄所及
庶保無事其抗作為廠紙外其有該地華民自稱業戶應由彼此
兩國各派委員勤畫明果為該戶本業嗣後倘遇勞公連別地

大英國無不公當賠補

●不平等條約中英《北京條約》關於割佔九龍的條款。

● 1860 年 10 月 24 日，在五百名英國士兵的簇擁下，英國全權特使額爾金（Earl of Elgin）前往禮部大堂簽訂中英《北京條約》。該條約規定將九龍割讓給英國。

● 在列強瓜分勢力範圍的背景下，1898年英國強迫清政府簽
訂《展拓香港界址專條》租借新界。圖為談判地點——清代
外交機關總理衙門。

● 英國武力接管新界以後，港督卜力（Henry Blake）（左一）
於 1899 年 8 月 4 日在屏山鄧氏宗祠向新界鄉紳訓話，闡述管
治新界的原則。輔政司駱克（Stewart Lockhart）站於港督左
側。（照片由香港歷史檔案館提供）

展拓香港界址專條

溯查多年以來香港一處非展拓界址不足以資保
衛今中英兩國政府議定大畧按照粘附地圖展擴英界
作為新租之地其所定詳細界綫應俟兩國派員勘明後
再行畫定以九十九年為限期又議定所有現在九龍城
內駐紮之中國官員仍可在城內各司其事惟不得與保衛
香港之武備有所妨碍其餘新租之地專歸英國管轄至九
龍向通新安陸路中國官民照常行走又議定仍留附近九
龍城原舊馬頭一區以便中國兵商各船渡艇往便往來停
泊且便城內官民住便行走將來中國建造鐵路至九龍英
國管轄之界臨時商辦又議定在所展界內不可將居民迫
令遷移產業入官若因修建衙署築造礮台等官工需用地
段皆應從公給價自開辦後遇有兩國交犯之事仍照中英
原約香港章程辦理畫按照粘附地圖所租與英國之地內
有大鵬灣深圳灣水面惟議定該兩灣中國兵船無論在局
內局外仍可享用此約應於畫押後自中國五月十三日即
西曆七月初一號開辦施行其

批准文據應在英國京城速行互換為此兩國大臣將此專條畫

押蓋印以昭信守

此專條在中國京城繕立漢文四分英文四分共八分

● 不平等條約《展拓香港界址專條》中文文本。

024

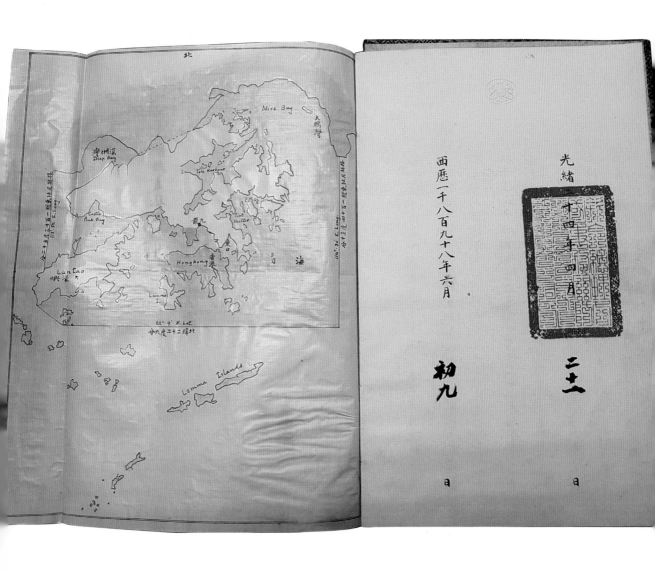

● 不平等條約《展拓香港界址專條》黏附地圖。

●1899年3月，中方代表王存善（左前方低頭站立者）和
英方代表駱克（手扶界樁者）在沙頭角海岸豎立界樁。圖
中雙方代表的神態折射出兩國在租借新界過程中的不平等
地位。（照片由香港歷史檔案館提供）

不再提乃去後又背前言仍電英使在總理衙門曉瀆因內外力持不

稍遷就始由赫德轉稱接沙相電展緩半年洋情反覆無常義理遷復

與華商串通一氣必欲挾制移關而後已且妄報土民穿有官兵號衣

意圖挑釁請旨飭下總理衙門堅持原議飭令赫德將義理遷撤去更

換稅司以重稅務而顧餉源初港督在省面訂三月初八日交收租地

請派兵保護臣鍾麟許以三日內即派兵六百名馳往九龍會同大鵬

協副將擇要駐紮以資彈壓惟新安民風強悍租界內村莊不下萬戶

食毛踐土二百餘年一日聞租與英國管轄咸懷義憤不願歸英管乃

港官未交收租界之前兩次遣兵逕至租界內大埔墟搭棚亦不告知

地方營員派兵同往自與土民口角爭鬧燬其棚蕭先肇釁端於是租

『清季外交史料卷二三八 二八』

界內各鄉聚眾揚言集資備械專與洋人爲難眾情洶洶不可復遏臣

等兩次出示曉諭各安生業不得滋事飛飭該縣會同營員安爲開導

彈壓一面派令王存善馳赴香港與港督商議而港督反委飭官兵保

護不力照會索賠且以土民有穿號衣者疑係官兵助民與鬬復告以

官兵欲鬬則鬬耳何必雜入土民隊中如謂暗遣官兵助民則決無穿

號衣之理此事由英官先往搭棚口角激成民變與中國無干三月初

六日土民數千聚集大埔墟山坡開挖坑塹拒阻英兵英派印度兵即

僱在港華人往逐開鎗礮互有傷亡初七日復與土民相攻附近居

民紛紛逃避遷徙一空即於是日乘民不備升豎英旗作爲接收管理

十 民糾約壯丁出鬬固結莫解更恐會匪乘機勾結其禍尤烈臣等曾

●左｜《清季外交史料》中關於新界抗英的記載。

●右上｜1899年新界居民舉行抗英會議的舊址——屏山達德公所。大廳中的石碑載有174位抗英烈士的芳名。

●右下｜1899年新界抗英烈士長眠之地——錦田妙覺園義塚。（攝於2011年）

三、
香港的回歸

1970 年代末，新界租約將近期滿，香港前途問題被提上了中英兩國的議事日程。中國政府提出的「一國兩制」方針為解決香港前途問題奠定了良好的基礎。

經過中英雙方長達兩年的談判，終於達成協議，並在 1984 年 12 月 19 日簽署關於香港前途問題的聯合聲明。《中英聯合聲明》確認：中華人民共和國政府於 1997 年 7 月 1 日對香港恢復行使主權，英國政府於同日將香港交還中國。

1990 年 4 月 4 日，第七屆全國人大第三次會議審議通過了《中華人民共和國香港特別行政區基本法》（以下簡稱《基本法》）。《基本法》的制定為未來的香港特別行政區勾畫了藍圖。根據憲法，《基本法》將「一個國家，兩種制度」的方針，以及中國政府在《中英聯合聲明》附件一中所闡明的一系列具體方針政策，以法律的形式規定下來。這就為未來香港特別行政區的順利運轉和繁榮發展奠定了法律基礎。

1997 年 7 月 1 日，香港回歸祖國，香港特別行政區政府宣告成立。香港歷史從此邁進一個嶄新的階段。

● 中華人民共和國成立前，中共領導人毛澤東、周恩來已提出暫不收回香港的戰略設想。1949 年中華人民共和國成立以後，中國政府對香港問題的立場是：香港是中國的領土。中國不承認帝國主義強加的 3 個不平等條約，主張在適當時機通過談判解決這一問題，未解決前暫時維持現狀。中國政府又提出了對香港「長期打算，充分利用」的方針。

● 1972 年 3 月 8 日，中國常駐聯合國代表黃華在致聯合國非殖民化特別委員會主席的信函中指出：「香港、澳門是屬於歷史上遺留下來的帝國主義強加於中國的一系列不平等條約的結果。香港和澳門是被英國和葡萄牙當局佔領的中國領土的一部分，解決香港、澳門問題完全是屬於中國主權範圍內的問題，根本不屬於通常的所謂『殖民地』範疇。因此，不應列入反殖宣言中適用的殖民地地區的名單之內。」同年 6 月 15 日，聯合國非殖民化特委會通過決議，向聯合國大會建議從上述名單中刪去香港和澳門。1972 年 11 月 8 日，第二十七屆聯合國大會通過決議，批准了該特委會的報告，從而確認了中國政府對香港問題的立場。圖為黃華（前排中）、喬冠華（前排右）在第二十七屆聯合國大會上。

● 1979 年 3 月 29 日，鄧小平在接見港督麥理浩（Crawford MacLehose）時說：「香港主權屬於中華人民共和國，但香港又有它的特殊地位。……在相當長的時間內，香港還可以搞它的資本主義，而我們搞我們的社會主義。」

● 1982 年 9 月 24 日，鄧小平在北京會見了英國首相戴卓爾夫人（Margaret Thatcher）。針對後者提出的「3 個條約繼續有效論」，鄧小平明確表示：「主權問題不是一個可以討論的問題。」

● 中英關於香港前途談判的一個場景：1983 年 7 月 25 日，以
外交部副部長姚廣為首的中國政府代表團與以英國駐華大使
柯利達（Percy Cradock）為首的英國政府代表團在北京會談。

● 1984 年 12 月 19 日，在北京人民大會堂西大廳，中英兩國關於香港問題的聯合聲明正式簽署。中共中央顧問委員會主任鄧小平、中華人民共和國主席李先念出席了簽字儀式。

● 1985 年 7 月 1 日，香港特別行政區基本法起草委員會第一
次會議在北京人民大會堂舉行。

● 1985 年 12 月 18 日，香港特別行政區基本法諮詢委員會在香港舉行成立大會。安子介出任諮詢委員會主任委員。

● 1990 年 2 月 17 日，國家領導人鄧小平、江澤民、楊尚昆、李鵬、萬里等在北京人民大會堂會見出席基本法起草委員會第九次全體會議的委員。歷時四年的基本法起草工作至此全部完成。

● 1990 年 4 月 4 日，第七屆全國人大第三次會議審議通過了
《中華人民共和國香港特別行政區基本法》。

● 1997 年 6 月，香港政權交接在即，工人們把象徵英國在港
殖民統治的徽號和畫像從政府建築物中搬走。

● 1997 年元朗屏山地區鄧氏族人慶回歸慰英靈祭祖典禮在英烈祠前舉行。1899 年新界抗英，鄧氏族人曾是領軍人物，不少人英勇犧牲。

● 1997 年 6 月 30 日午夜至 7 月 1 日凌晨，中英兩國香港政權交接儀式在香港會議展覽中心新翼五樓大會堂隆重舉行。

● 香港回歸，普天同慶。圖為 1997 年 6 月香港市民為慶回
歸，在元朗舉行的「九龍百獅花車大巡遊」。

● 1997 年 7 月 1 日早晨，新界北區居民冒着滂沱大雨歡迎中國人民解放軍駐港部隊進駐香港。

PART

2

回歸 25 年來的
歷史記憶

一、
香港納入國家
治理體系

1997 年香港回歸祖國，納入國家治理體系，走上了同祖國內地優勢互補、共同發展的寬廣道路。

國家領導人多次視察香港，凸顯國家對香港的高度重視和關心。在「一國兩制」的框架下，中央政府依法履行憲法和香港《基本法》賦予的管治權和憲制責任，管治香港特別行政區，行政長官每年向中央政府述職。全國人大常委會依據憲法和香港《基本法》賦予的職權，審慎使用權力。更多港區全國人大代表和政協委員參與國家事務管理。香港居民依法享有的基本權利和自由，受到憲法、香港《基本法》以及香港本地法律的充分保障，並為此設立許多新的機構。

香港在英國殖民統治之下沒有民主可言。中國政府對香港恢復行使主權，實行「一國兩制」方針，創建了香港特別行政區的民主制度，並在實踐中支持其不斷發展完善。

人心回歸是香港納入國家治理體系的思想基礎。特區政府和愛國團體致力於推動國民教育，港人的國家觀念逐步增強。

● 1998 年 7 月 1 日，在香港回歸祖國一周年之際，國家主席
江澤民再次來港參加慶祝活動，向特區人民表示祝賀。（照片
由《文匯報》提供）

● 2007 年 6 月 30 日，國家主席胡錦濤在香港君悅酒店出席香港特區政府舉行的歡迎宴會，並發表重要講話。（照片由《文匯報》提供）

● 2017 年 6 月 29 日，香港市民熱烈歡迎國家主席習近平及夫
人彭麗媛訪港。（照片由《文匯報》提供）

● 2022 年 7 月 1 日，國家主席習近平在新任行政長官李家超的陪同下視察香港。

● 2015 年,行政長官梁振英在北京向國家主席習近平述職,
匯報香港經濟、社會和政治方面的最新發展。(照片由政府新
聞處提供)

● 2021年,行政長官林鄭月娥在北京向國家主席習近平述
職,匯報香港經濟、社會和政治方面的最新發展。(照片由政
府新聞處提供)

●左 | 1999 年 6 月 22 日，全國人大常委會在北京召開第十次
會議，國務院副總理錢其琛與代表們一起審議《國務院關於提
請解釋香港特區基本法有關內地移民條款的議案》。（照片由
中新社提供）

●右 | 2014 年 8 月 31 日，第十二屆全國人大第十次會議表決
通過《全國人民代表大會常務委員會關於香港特別行政區行政
長官普選問題和 2016 年立法會產生辦法的決定》。（照片由中
新社提供）

● 新中國建立以後，新華通訊社香港分社以中華人民共和
國政府駐香港最高代表機構的身份，履行中央賦予的各項職
責。1999 年 12 月 28 日，國務院第 24 次常務會議決定，將新
華通訊社香港分社更名為中央人民政府駐香港特別行政區聯
絡辦公室，簡稱中聯辦。圖為 2000 年 1 月 18 日新華社香港分
社原社長姜恩柱在跑馬地皇后大道東為中聯辦揭幕，他同時
成為中聯辦首任主任。(照片由新華通訊社提供)

● 2011 年 3 月 5 日，港區全國人大代表出席全國人大會議開
幕式前在人民大會堂前合影。

● 2019年3月6日，中共中央政治局常委、國務院副總理韓正參加第十三屆全國人大第二次會議香港代表團的會議。（照片由紫荊雜誌社提供）

●上｜為了保障香港市民的基本權利，回歸以後，特區政府增設了一些機構，2005年設立的扶貧委員會是其中之一。圖為2005年「扶貧委員會」到訪天水圍。（照片由政府新聞處提供）

●下｜2018年4月11日，公務員事務局局長羅智光（左）到訪在職家庭及學生資助事務處，與處長李忠善（右）會面，了解部門工作的最新情況。（照片由政府新聞處提供）

杜森　李福善　　　吳光正　余漢彪　　　區玉麟　董建華　　　楊鐵樑　蔡正矩

●回歸前，香港總督由英國政府指派，港人無權過問。回歸以後，行政長官由香港人通過推選委員會選舉產生，報中央批准。圖為1996年12月11日，董建華以320票當選香港特別行政區第一任行政長官人選。

"一国两制"下香港的民主发展》
白皮书吹风会

Briefing on the White Paper
ong Democratic Progress Under the Framework of One Country, Two Syste

外交部駐香...

Office of the Commissioner of the Ministr... ...ffairs of China in the HKSAR

● **左上** | 1998 年 5 月 24 日，香港特別行政區舉行第一屆立法會選舉。《基本法》規定，第一屆立法會由 60 人組成，其中分區直接選舉產生議員 20 人，選舉委員會選舉產生議員 10 人，功能團體選舉產生議員 30 人。

● **左下** | 2008 年香港立法會選舉拉票造勢活動中，民建聯候選人陳鑑林（左一）、譚耀宗（左二）、李慧琼（中）、劉江華（右二）、曾鈺成（右一）一起高呼口號。

● **右** | 2021 年 12 月 22 日，外交部駐港特派員公署舉辦《「一國兩制」下香港的民主發展》白皮書吹風會。圖為外交部駐港特派員公署特派員劉光源在吹風會上發表演說。（照片由《文匯報》提供）

● 2009 年 3 月 10 日，國務委員劉延東在中聯辦主任彭清華陪同下，在北京中南海接見「薪火相傳」國民教育活動系列委員會訪京團。隨團訪問的包括范徐麗泰（前排左三）和伍淑清等（前排左一）。

● 2005 年，學生參觀《基本法的起草及實施情況》圖片展覽。
（照片由政府新聞處提供）

●上丨香港學生訪京交流團
的活動加深了學生對國家發
展與《基本法》的認知。圖
為 2006 年 8 月 7 日，外交部
副部長楊潔篪（右）接受該
團團長馬逢國（左）贈送的
紀念品。（照片由政府新聞處
提供）

●下丨2012 年 10 月 27 日，
政制及內地事務局舉辦「愛
香港‧愛《基本法》同樂日
2012」活動。圖為歌手孫耀威
（中）介紹《基本法》內容。
（照片由政府新聞處提供）

《基本法》頒布三十周年法律高峰論壇
Basic Law 30th Anniversary Legal Summit
17-11-2020

追溯本源
Back to basics

《基本法》○周年全港校際問答比賽

● 上｜2020 年 11 月 17 日，《基本法》頒佈 30 周年法律高峰論壇舉行。圖為原全國人大常委會香港特別行政區基本法委員會主任喬曉陽（左二）、原國務院港澳事務辦公室副主任馮巍（右一）、全國人大常委會香港特別行政區基本法委員會副主任譚惠珠（左一）和原全國人大常委會香港特別行政區基本法委員會副主任梁愛詩（右二）出席「暢談《基本法》的草擬過程及立法原意」座談會。（照片由政府新聞處提供）

● 下｜2015 年，香港《基本法》頒佈 25 周年之際，由香港教育局主辦，香港三聯書店、DBC 數碼電台、香港教育城協辦的第一屆《基本法》全港校際問答比賽順利舉行。前排左起：關伯強、戴希立、文宏武、吳克儉、譚惠珠、李家駒、莊璟珉。

● 2021 年 7 月，教育部與香港中聯辦、香港教育局共同支持舉辦香港愛國主義教育高峰論壇，主辦機構為香港教育工作者聯會、香港大公文匯傳媒集團及紫荊雜誌社。（照片由紫荊雜誌社提供）

● 左上 | 2022 年 7 月 29 日，第十四屆「香港盃」外交知識競賽頒獎典禮舉行。香港特區行政長官李家超及外交部駐港特派員公署特派員劉光源等出席頒獎典禮，並與獲獎學生合影。（照片由外交部駐港特派員公署提供）

● 左下 | 香港特別行政區政府教育局主辦「四川的歷史文化及生態探索之旅」，此次探索之旅屬於「同根同心——香港初中及高小學生內地交流計劃（2019/2020）」。

● 右上 | 作為國家教育部「萬人計劃」項目之一，2018 年以來暨南大學先後開辦 14 期「粵港澳大學生嶺南文化高級研修班」。圖為 2018 年來自嶺南大學的第一期學員在廣州與粵劇演員交流。（照片由葉農教授提供）

● 右下 | 2018 年 1 月，來自香港理工大學的第三期學員在佛山「南風古灶」學習製作陶藝品。（照片由葉農教授提供）

● 2019 年，香港師生參加南京大學台港澳辦公室與香港江蘇青年總會聯合舉辦的「走進新時代、感受新江蘇——南京大學香港青年江蘇交流營」活動。（照片由南京大學台港澳辦公室提供）

●為慶祝香港回歸20周年，解放軍駐港部隊昂船洲軍營舉辦
開放日活動。圖為香港市民在導彈驅逐艦銀川艦前攝影留念。

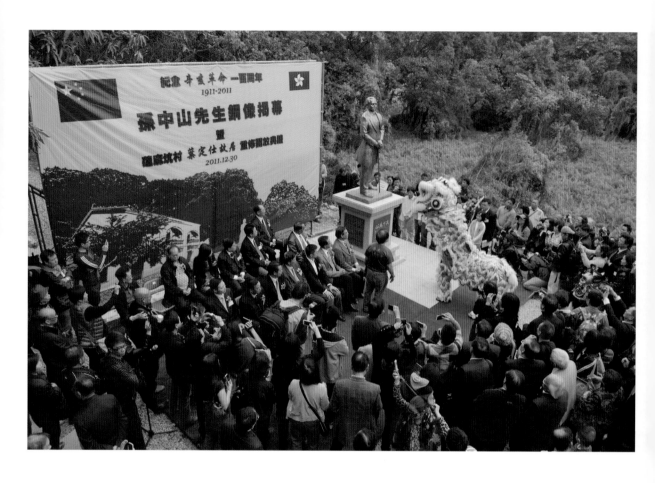

● 葉定仕是沙頭角蓮麻坑村客家人，曾任同盟會暹羅（泰國）
分會會長。為紀念辛亥革命 100 周年，2011 年 12 月 30 日，
「孫中山銅像揭幕暨蓮麻坑村葉定仕故居重修開放典禮」在蓮
麻坑村舉行。

● 達德學院是中共和民主黨派於 1946 年在香港屯門創辦的一間大學。雖然營運不到 3 年時間，卻為國家培養了近千名人才。2016 年 9 月 28 日，「達德學院創辦 70 周年紀念會」在嶺南大學舉行。前排右起為達德老校友：黃經城、鄭康明、何銘思、林濱、王謙宇、吳佩珩、曹直、郭宏隆。

● 左上│2015 年 10 月 28 日，劉智鵬教授（左）、丁新豹教授（右）作為主編出席《日軍在香港戰爭罪行》講座及新書發佈會。

● 右上│2022 年 9 月 1 日「紀念港九大隊成立 80 周年 —— 港九大隊新書發佈會」在香港千禧新世界酒店舉行。發佈會由香港廣州社團總會、香港商務印書館及香港中華書局聯合舉辦，推介劉智鵬、劉蜀永主編的《港九大隊志》，劉蜀永、嚴柔媛校訂的《港九獨立大隊史》繁體字版。圖為聯合出版集團董事長傅偉中（右四）在發佈會致辭。

● 下│2022 年 9 月 3 日，香港沙頭角抗戰紀念館開幕典禮在沙頭角石涌凹羅家大屋舉行，行政長官李家超、中聯辦副主任何靖等出席。這是香港第一間抗戰紀念館，重點介紹中共領導的抗日遊擊隊港九大隊的歷史貢獻和「香港抗日一家人」羅家的感人事跡。展覽由香港廣州社團總會等愛國團體主辦。

● 1997 年，尖沙咀德信學校學生手舉「香港是我家」、「我是中國人」等口號歡迎行政長官董建華到訪。

● 2020 年 12 月 18 日，香港特別行政區政府官員在政府總部舉行公務員宣誓儀式。（照片由政府新聞處提供）

● 2021 年 9 月 18 日，香港警察學院結業會操的升旗環節以中
式步操進行。（照片由《文匯報》提供）

● 2022 年 5 月 4 日，香港升旗隊總會於九龍塘官立小學舉行
升旗禮，配合宣揚「愛國、進步、民主、科學」的五四精神。
（照片由香港升旗隊總會提供）

● 2021 年 6 月 16 日，香港中聯辦和紫荊文化集團聯合主辦的
「百年大黨國際學術研討會」在香港會議展覽中心舉行。圖為
與會的中外專家就中國共產黨對中國社會和香港社會歷史發
展的歷史作用進行對談。（照片由紫荊雜誌社提供）

● 2021 年 11 月 12 日，政務司司長李家超出席《香港商報》
主辦的「百年輝煌 香港篇章 慶祝中國共產黨成立 100 周年大
型圖片展」開幕典禮，並認真聆聽展覽顧問劉蜀永教授介紹中
共與香港的歷史淵源。（照片由《香港商報》提供）

二、
香港繼續
繁榮發展

回歸後，香港經濟和文化體育事業繼續繁榮發展。香港受到兩次金融危機和疫情的衝擊，但是在中央的大力支持下，25年來香港經濟保持繁榮發展的良好趨勢。在國際機構評價中，香港經濟自由度長期位列前茅、營商環境排名靠前，依然保持較強的國際競爭力。「一帶一路」倡議、粵港澳大灣區規劃為香港融入國家發展大局創造良好條件，為香港未來發展迎來無限機遇。

香港的基礎設施建設邁上一個新台階。深圳灣大橋和港珠澳大橋的建設，廣深高鐵香港段和港鐵屯馬綫的開通，促進了經濟的發展，亦為香港市民提供了便捷的交通。

文化體育事業方面，香港新增多間文化設施，故宮文化博物館引人注目。中國的傳統習俗得到延續，非物質文化遺產的確認和推廣得到特區政府重視。在國家主席習近平關心下，在中央政府、特區政府和社會各界的支持下，香港有史以來最大規模的文化工程《香港志》的編修已經啟動，並編修出香港第一本志書《香港志·總述·大事記》。香港體育健兒亦在重大國際賽事中屢創佳績，為港爭光，為國爭光。

國家幫助應對金融危機

● 1997 年 7 月開始，西方資本大鱷蓄意做空包括港元在內的
各類亞洲貨幣，引發「亞洲金融風暴」。在中央政府的堅決
支持下，特區政府果斷入市，贏得港元保衛戰。1999 年 3 月
5 日，國務院總理朱鎔基在第九屆全國人大第二次會議上作政
府工作報告時指出，亞洲金融危機以來，香港特區政府沉着
應對，採取了一系列有效措施，經受住了嚴峻考驗，顯示出
管理香港社會、駕馭複雜局勢的能力。（照片由中新社提供）

●上｜2003 年 6 月 29 日，國務院總理溫家寶訪港，與行政長官董建華主持簽署了《內地與香港更緊密經貿關係的安排》（CEPA）。CEPA 是中央政府順應香港業界呼聲送出的「政策大禮包」，幫助香港藉由來自內地的發展動力，擺脫經濟頹勢，實現轉型。（照片由政府新聞處提供）

●下｜2008 年，香港傳媒關於金融海嘯和中央救市的報導。

● 2004 年 2 月 17 日，中國內地與香港建設、保險行業專業人
士資格互認協議簽字儀式在北京舉行。商務部副部長安民、
特區政府財政司司長唐英年以及梁振英等出席。

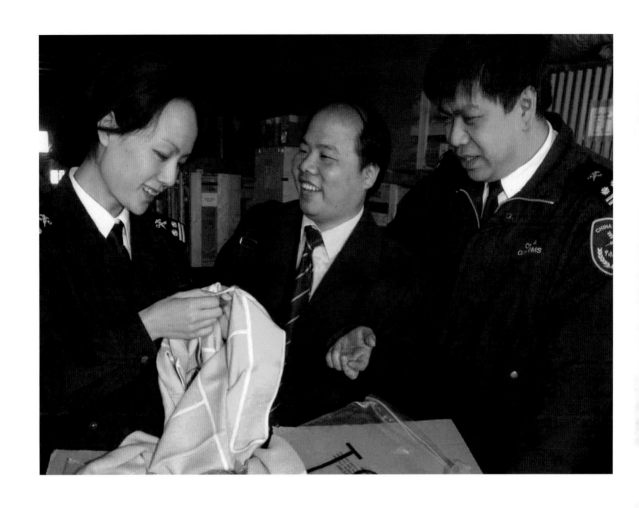

● 2004 年 2 月 26 日，CEPA 簽署後第一批運抵北京的零關稅
香港商品在首都機場海關順利通關。

● 2003 年 8 月 20 日，何燕嫦成為廣州市首位得到個人港澳遊
簽注的市民。

● 2005 年 10 月 1 日，趁着國慶黃金週，內地旅客前來香港迪士尼樂園開心遊玩。（照片由《文匯報》提供）

● 2014 年 11 月 17 日，香港交易及結算有限公司（香港交易所）舉行「滬港通」開通儀式。（照片由《文匯報》提供）

● 2016 年 12 月 5 日，廣東省委書記胡春華（右九）敲響「深港通」開通的鐘聲。（照片由《文匯報》提供）

● 2018 年 10 月 24 日，港珠澳大橋落成。港珠澳大橋總長 55 公里，其主體工程由 6.7 公里的海底沉管隧道、長達 22.9 公里的橋樑、逾 20 萬平方米的東西人工島組成，即「橋—島—隧」一體。是世界上最長的跨海大橋，擁有世界上最長的沉管海底隧道。（照片由政府新聞處提供）

● 2007 年 7 月 1 日，國家主席胡錦濤的專車駛經深圳灣公路大橋，衝過深港分界線的綵帶，象徵大橋開通。（照片由政府新聞處提供）

● 上｜2018 年 9 月 23 日，廣深港高鐵全線開通運營。圖為從深圳北站開往香港西九龍站的 G5711 次高鐵列車乘務員展示紀念牌。（照片由新華社提供）

● 下｜2018 年 9 月 23 日，搭乘廣深港高鐵的乘客一家在登車前合照。（照片由政府新聞處提供）

● 2021 年 6 月 27 日,屯馬綫開通,小鐵路迷與屯馬綫列車合
影。(照片由中新社提供)

東鐵綫過海 East Rail Line Crossing Harbour

2022.05.15

● 2022 年 5 月 15 日，港鐵東鐵綫過海段通車，「首日特別班」
列車由灣仔的會展站開出，鐵路迷入閘後向月台發足狂奔。
（照片由《文匯報》提供）

● 2018 年 11 月 12 日，國家主席習近平會見香港、澳門各界慶祝國家改革開放 40 周年訪問團。習主席發表講話指出，40 年改革開放，港澳同胞是見證者也是參與者，是受益者也是貢獻者。港澳同胞同內地人民一樣，都是國家改革開放偉大奇蹟的創造者。國家改革開放的歷程就是香港、澳門同內地優勢互補、一起發展的歷程，是港澳同胞和祖國人民同心協力、一起打拚的歷程，也是香港、澳門日益融入國家發展大局、共享祖國繁榮富強偉大榮光的歷程。（照片由紫荊雜誌社提供）

●上｜2011 年 3 月 16 日，國家《十二五規劃綱要》首次設立
港澳專章。2011 年 4 月 8 日，香港專業聯盟在香港舉辦「國
家和廣東省十二五規劃研討會」。圖為該聯盟主席梁振英作主
題演講。

●下｜2021 年 8 月 23 日，行政長官林鄭月娥出席國家
《十四五規劃綱要》宣講會。（照片由政府新聞處提供）

● 上｜2018 年 10 月 24 日，行政長官林鄭月娥在北京出席京港合作會議第四次會議。（照片由《文匯報》提供）

● 下｜2019 年 5 月 16 日，粵港合作聯席會議第二十一次會議在廣州舉行，雙方簽署實施《粵港合作框架協議》。（照片由《文匯報》提供）

● 上｜2017 年 12 月，《國家發展和改革委員會與香港特別行政區政府關於支持香港全面參與和助力「一帶一路」建設的安排》在北京簽署，成為香港進一步參與「一帶一路」建設的方針和藍本。圖為 2019 年 11 月 5 日，在香港舉辦的第三屆「一帶一路」（香港）高峰論壇。（照片由紫荊雜誌社提供）

● 下｜2017 年 11 月 9 日，由香港理工大學與西安交通大學成立的「絲綢之路國際工程學院」舉行啟動禮，項目為「一帶一路」沿線國家及地區從事電力能源的企業和人員開辦工作坊。（照片由紫荊雜誌社提供）

大灣區青年就業計劃
Greater Bay Area Youth Employment Scheme

● 2021 年 2 月 26 日，特區政府舉辦以「青年發展」為主題的「灣區起跑線 青年創明天」起動儀式，並在儀式上舉行「大灣區青年就業計劃」起動禮。（照片由政府新聞處提供）

113

●上｜前海深港青年夢工場由深圳市前海深港現代服務業合作區管理局投資建設，由該局與深圳市青年聯合會及香港青年協會三方共同運營，在 2014 年 12 月開園，主要用於培養具創新創業意念的 18-45 歲青年，以及具高潛質的初創企業。圖為攝於 2021 年的前海深港青年夢工場。（照片由紫荊雜誌社提供）

●下｜2021 年 12 月 15 日，財經事務及庫務局和前海管理局合辦「香港—前海金融合作研討會」。（照片由政府新聞處提供）

●上｜香港文化博物館成立於 2000 年。圖為攝於 2003 年的博物館外觀。（照片由《文匯報》提供）

●下｜孫中山紀念館由「甘棠第」改建而成，於 2006 年開幕。

● 香港故宮文化博物館位於西九文化區，2022 年 7 月 3 日
正式對公眾開放。這是海峽兩岸第三座展示故宮文物的博物
館，得到國家的大力支持。（照片由中新社提供）

●上丨香港故宮文化博物館館長吳志華向行政長官李家超伉儷介紹「凝土為器：故宮珍藏陶瓷」展覽中展出的乾隆款龍紋碗。（照片由香港故宮文化博物館提供）

●下丨香港小朋友觀賞香港故宮文化博物館展出的北宋定窯白釉「孩兒枕」。

● 回歸以後，香港的民間習俗得到保存並發揚光大。圖為香港元朗十八鄉天后誕會景大巡遊。（照片由中新社提供）

● 2019 年，新界荔枝窩十年一屆的太平清醮。

● 2011 年，長洲太平清醮中的飄色會景巡遊。

● 每年端午節，大澳 3 個傳統漁業行會——扒艇行、合心堂
和鮮魚行都會舉辦龍舟遊涌儀式，祈求合境平安。

● 2018-2022 年，香港賽馬會慈善信託基金捐助嶺南大學及香港藝術學院舉辦賽馬會「傳‧創」非遺教育計劃，透過體驗式學習的系統性課程，讓非遺工藝大師、藝術教育工作者及學生共同傳承和活化香港 9 個非物質文化遺產項目。截至 2021-22 年度，中學課程共有約 140 間學校及超過 13,500 名學生參與。圖為 2019 年 6 月，該計劃在三棟屋博物館舉行首屆周年展，學生穿着親手製作的旗袍。

● 2009 年，粵港澳三地政府透過中央政府共同申報的粵劇正
式被聯合國教育、科學及文化（教科文）組織批准列入《人
類非物質文化遺產代表作名錄》，是香港首項世界非物質文化
遺產。

● 2011 年，大坑舞火龍被列入第三批國家級非物質文化遺產
名錄。

● 左｜首次研討香港修志事宜的香港地方志座談會盛況空前。圖為出席開幕式的來賓，前排左起：劉智鵬、邱新立、劉蜀永、馬逢國、何志平、秦其明、陳坤耀、蔡培遠、郭少棠。照片中還有陳可焜、何濼生、蕭國健、丁新豹、周佳榮、葉漢明、陳佳榮、鄭德華等學界聞人。（攝於 2004 年 6 月 9 日）。

● 右上｜編修地方志是回歸後香港文化發展一件大事。圖為 2019 年 9 月 6 日，香港地方志中心舉行啟動會議，全國政協副主席、團結香港基金主席董建華（前排中）及行政會議召集人陳智思（前排右四）等與出席嘉賓合影。

● 右下｜2020 年 12 月 28 日，《香港志‧總述‧大事記》記者會及上架儀式在團結香港基金會議室舉行。圖為該書四位主編與香港地方志中心、香港中華書局負責人合影。左起：林乃仁、鄭李錦芬、陳佳榮、劉智鵬、陳智思、劉蜀永、丁新豹、李焯芬、侯明、孫文彬。

● 2008 年 8 月 8 日，作為北京奧運會組成部分的香港奧運馬
術比賽在沙田馬場舉行簡單而隆重的開幕式。

● 2010 年 11 月 22 日，香港著名單車運動員黃金寶（左）在
廣州亞運會男子公路賽勇奪冠軍。

●上｜2021年5月17日，香港奧運獎牌得主李慧詩在首屆「2021 UCI 國家盃場地單車賽（中國香港）」的次日賽程中，贏得女子爭先賽金牌。（照片由政府新聞處提供）

●下｜2021年，何詩蓓在東京奧運女子游泳比賽中奪得兩枚銀牌，後又在同年的世錦賽中奪得兩枚金牌一枚銅牌。（照片由《文匯報》提供）

● 2021 年，張家朗在東京奧運「一劍封神」，成為回歸後香港首位奧運冠軍。（照片由新華社提供）

三、
兩地情深
血濃於水

香港與祖國內地的緊密聯繫源遠流長。回歸以後，兩地關係更
為密切。

1960 年代，國家為長遠解決港人用水困難而興修「東深供水工
程」，東江之水越山來。香港回歸以後，為向香港提供優質穩
定的水源，廣東省累計投資 76 億元人民幣，進行了東深供水
改造工程。

2003 年非典型肺炎和 2019 年新冠疫情爆發，中央出手無私援
助，幫助香港戰勝一波又一波的疫情挑戰。

歷史上每當發生自然災害時，香港與內地同胞皆向對方伸出救
援之手。回歸以後，港人支持內地賑災更為熱心，在捐資助
學、支持國家文化體育發展方面也有更多貢獻。

回歸以後，兩地科技和教育文化交往更加頻繁。「健康快車」
運行，「遼寧號」航母、航天員和奧運冠軍訪港，國家贈港大
熊貓等都是兩地情深的生動事例。

● 1963 年香港出現 60 年來最嚴重水荒。港府宣佈制水,每 4
天供水一次,每次 4 小時。圖為市民排隊輪候取水。

● 為長遠解決香港的用水困難，中央政府下令修築東江—深
圳供水工程。1964 年，在國家遭受自然災害、經濟尚未恢復
的情況下，中央政府從援外資金中撥款 3,800 萬元人民幣，確
保了工程的順利進行。圖為 1965 年 2 月 27 日，廣東省副省
長林李明在東江—深圳供水首期工程竣工典禮上剪綵。後排
右起：香港中華總商會副會長王寬誠、香港工聯會會長陳耀
材、香港中華總商會會長高卓雄。

● 左上｜2000 年 12 月 30 日，行政長官董建華一行在廣東省及東莞市政府官員陪同下，參觀東深供水改造工程工地。

● 左下｜改造工程建成旗嶺、樟洋、金湖 3 座現澆無黏結預應力混凝土 U 型薄殼渡槽，在世界同類型渡槽中規模最大。圖為旗嶺渡槽。

● 右｜粵港供水改造工程新建的金湖泵站。

●上｜2003年5月8日，國務委員唐家璇代表中央政府向香港特區政府送交首批援港醫護物資。圖為唐家璇在交接儀式上致辭。（照片由紫荊雜誌社提供）

●下｜2003年5月8日，中央政府支援香港抗擊非典型肺炎醫用物品交接儀式在深圳皇崗口岸舉行。8輛滿載醫用物品的貨櫃車從深圳駛往香港。

● 2022 年 3 月 6 日，國家衛
健委專家團到港幫助抗疫，
參與抗疫工作會議。（照片由
政府新聞處提供）

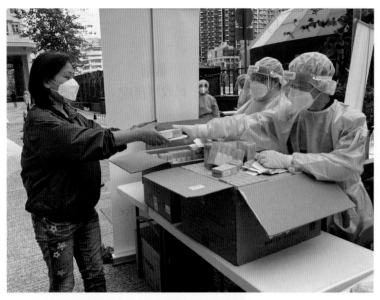

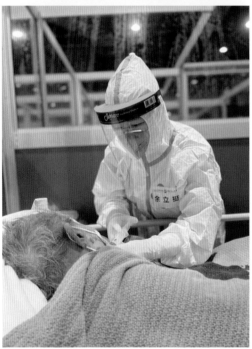

● 左上│2022 年 3 月，特區政府向接受「圍封強檢」的居民派發由國家捐贈的抗疫中成藥。（照片由政府新聞處提供）

● 左下│2022 年 3 月 16 日，內地援港抗疫義工余立挺為咀嚼困難的老人家餵營養液。（照片由《文匯報》提供）

● 右│內地援建的啟德方艙醫院。（照片由紫荊雜誌社提供）

● 左｜1954 年 1 月，香港華商總會及工聯會受中國人民救濟總會粵穗分會委託，在界限街陸軍球場和楓樹街長沙灣球場，向石硤尾大火災民發放慰問金和救濟米。

● 右上｜2008 年 5 月 12 日，四川汶川發生 8 級特大地震，造成 69,227 名同胞遇難。香港各界累計賑災捐款逾 200 億港元，援建了近 200 個災後重建項目，2,600 多萬人受益。圖為香港市民踴躍為汶川地震災區捐款。

● 右下｜2008 年，香港政府飛行服務隊與內地救援人員合作，用直升機把地震傷患運往安全地區。

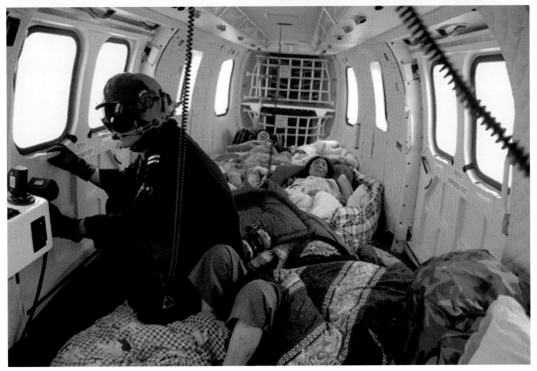

● 2008 年 1 月 10 日起，中國南方發生大範圍嚴重雪災。圖為
香港佛教聯合會會長覺光長老為雪災災民捐款。

● 上│2010 年 4 月 14 日，香港義工黃福榮（阿福）在青海玉樹為拯救被壓孤兒英勇獻身，獲國務院追授「抗震救災捨己救人傑出義工」榮譽稱號。

● 下│2010 年 4 月 27 日，兩岸三地逾 300 名藝人在香港紅館舉行大匯演，為青海玉樹地震災民籌得善款 3,506 萬港元。

●上｜2001 年 1 月 9 日，香港慈善家邵逸夫（左四）向內地教育事業捐款儀式在香港中文大學舉行。這批總額 2 億港元的捐款重點支持西部各省大中小學校的建設，共 333 所學校受惠。邵逸夫先後通過國家教育部捐款達 47.5 億港元。

●中｜李嘉誠參與創辦汕頭大學，對該校的辦學資助現已達 62 億港元。圖為汕頭大學校園。（照片由曾建平提供）

●下｜2002 年，李嘉誠與汕頭大學學生合影。（照片由侯覺明提供）。

●上｜香港有許多熱心資助
內地教育事業的團體。圖為
道教蓬瀛仙館在安徽省霍山
縣大沙埂鎮捐建的希望小學
的竣工典禮。

●下｜香港藝人古天樂在
2009 年捐建第一間希望小
學，到 2019 年，已捐建百多
間學校。圖為 2018 年建成的
雲南省富寧縣田蓬中心小學
接受古天樂捐款興建的「古
天樂第 111 綜合樓」。（照片
由《文匯報》提供）

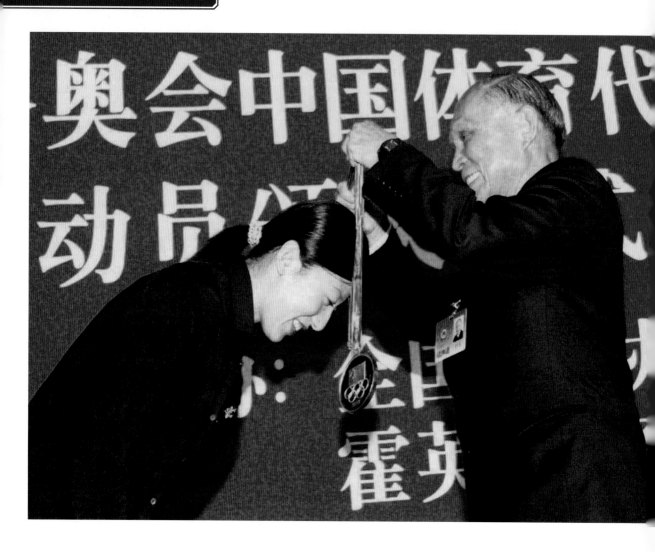

● 香港企業家霍英東對我國體育事業做出了巨大貢獻。他
創辦的霍英東體育基金會累計為國家體育事業捐資 5 億多港
元。圖為 2002 年 3 月他向代表中國獲得冬奧會首枚金牌的運
動員楊揚頒發重達 1,000 克的金牌。

● 香港企業家何鴻燊曾捐獻過百件中國古代文物予國家。2003 年及 2007 年他成功購回圓明園豬首銅像及馬首銅像,並將其捐贈給國家。

● 左｜1997 年 7 月 1 日，香港市民向內地捐贈由列車組成的移動眼科醫院「健康快車」。如今「健康快車」已增加到 4 列，其中 3 列均由香港同胞捐贈，第四列為內地企業捐建。25 年來，這 4 列「健康快車」走遍全國 28 個省份，幫助逾 22 萬名白內障患者重見光明。圖為「健康快車」從北京出發前往停靠點。（照片由健康快車香港基金提供）

● 右上｜1997 年 7 月 1 日，第一列「健康快車」從香港紅磡火車站駛往內地。國務院港澳事務辦公室主任魯平、行政長官董建華及健康快車創會主席黃吉雯（由右至左）出席剪彩儀式。（照片由健康快車香港基金提供）

● 右下｜「健康快車」醫療室中患者與醫護合影。（照片由健康快車香港基金提供）

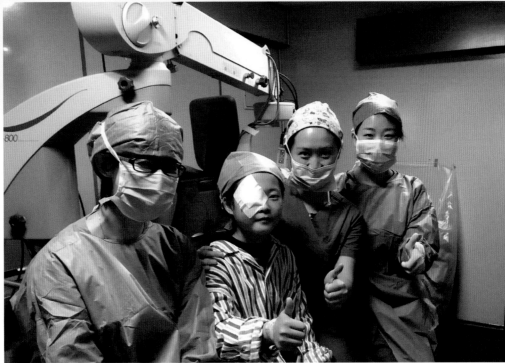

● 上｜2005 年，港大醫學院外科學系科研小組以「成人右葉活體肝移植」研究項目獲得中國國家科學技術獎一等獎。左起為 4 位獲獎者：陳詩正、范上達、盧寵茂、廖子良。（照片由香港大學提供）

● 下｜2007 年 2 月 27 日，支志明院士以「金屬配合物中多重鍵的反應性研究」研究項目獲得國家自然科學獎一等獎。

● 上｜1997-2022 年，獲得中國科學院院士的中國籍香港科學家人數已達到 30 位、獲得中國工程院院士的中國籍香港科學家則有 7 位，中國科學院院士與中國工程院院士合稱「兩院院士」。2001 年，香港科技大學葉玉如教授因其神經生物學的傑出成就獲選為中國科學院院士。圖為葉玉如教授出席 2002 年舉行的「中國科學院香港新當選院士證書頒發典禮」。（照片由香港科技大學提供）

● 下｜香港科技大學葉玉如教授以「受體酪氨酸激酶介導的信號通路在突觸發育和可塑性中的作用」研究項目獲得 2011 年度國家自然科學獎二等獎。（照片由香港科技大學提供）

● 回歸後香港大學成立多間國家重點實驗室，2005 年成立
「新發傳染性疾病國家重點實驗室」和「腦與認知科學國家重
點實驗室」；2010 年成立「合成化學國家重點實驗室」和「肝
病研究國家重點實驗室」；2013 年成立「生物醫藥技術國家重
點實驗室」。圖為「肝病研究國家重點實驗室」的研究人員。
（照片由香港大學提供）

●「生物醫藥技術國家重點實驗室」研究人員工作的情景。
（照片由香港大學提供）

PolyU's support to the lunar mission "Chang'e 4"
理大支持「嫦娥四號」探月任務

● 香港理工大學支持國家 2018-2019 年「嫦娥四號」探月任
務。「嫦娥四號」探測器上用以協助拍攝月球影像及幫助控制
中心指揮月球車活動的「相機指向系統」，是由中國空間技術
研究院和理大工業及系統工程學系講座教授容啟亮教授（右
一）帶領的團隊研發。（照片由政府新聞處提供）

● 汪滔和「大疆」的故事是香港回歸後香港與內地人才科技
交流的成功事例。2006 年，汪滔等人創立深圳市大疆創新科
技有限公司，至 2020 年，「大疆」無人機佔全球消費型無人
機市場份額超過 70%。出生於浙江杭州的汪滔，23 歲那年入
讀香港科技大學電子及電腦工程學系。求學期間，借助大學
的科研力量成立初創科技公司。他說：「如果我沒去香港，就
不會有今天的成就。」圖為 2014 年，汪韜與他最喜愛的無人
機機型 Phantom 系列的合影。（照片由《文匯報》提供）

● 2017 年 3 月 7 日，在港中國科學院院士、中國工程院院士座談交流，共 14 位兩院院士參加。前排左起：汪正平、蘇國輝、鄭耀宗、陳清泉、麥松威、郭位、黃乃正。後排左起：葉嘉安、中聯辦教育科技部部長李魯、任詠華、葉玉如、譚鐵牛、唐本忠、支志明、勵建書。（照片由京港學術交流中心提供）

● 2019 年 4 月，嶺南大學香港與華南歷史研究部受香港教育
局委託，組織蘇州、揚州教師考察團，期間劉智鵬教授率領
團員與蘇州市吳都學會代表舉行座談會，交流港蘇兩地保育
歷史建築的經驗。

● 香港特別行政區教育局推出「姊妹學校計劃」，為兩地學
校提供交流平台。自 2004 年開始至今，香港已有多所學校透
過教育局的協調，與北京市、上海市、廣東省、四川省、浙
江省及福建省的學校締結為姊妹學校。圖為 2019 年 7 月 16-17
日，香港特別行政區政府教育局主辦的「2019 粵港姊妹學
校簽約儀式暨文化交流活動（廣州）」。（照片由政府教育局
提供）

●上｜2009 年 12 月 20 日，著名指揮家嚴良堃先生應香港中華文化促進中心邀請來港，在荃灣大會堂演奏廳參加「山河錦繡中華情：慶祝中華人民共和國建國 60 周年」音樂會，指揮演出《黃河大合唱》。（照片由香港中華文化促進中心提供）

●下｜2018 年 4 月 28 日，中國著名作家韓少功（左）應香港中華文化促進中心邀請來港，出席在裘錦秋中學（葵涌）禮堂舉辦的文學講座，講題為「文化：代際差異與地緣差異」。（照片由香港中華文化促進中心提供）

●上｜近年來，香港幾所大學陸續在大灣區建立分校，促進內地與香港高校的教育交流。2012年，經中華人民共和國教育部批准，香港中文大學在深圳設立香港中文大學（深圳）。圖為2021年香港中文大學（深圳）校園。（照片由《文匯報》提供）

●下｜2022年6月29日，中華人民共和國教育部宣佈，已於近日依法批准正式設立香港科技大學（廣州），港科大（廣州）是香港科技大學和廣州大學舉辦的具有法人資格的合作辦學機構，是建設高水平示範性合作大學的有益嘗試。圖為港科大（廣州）近景。（照片由《文匯報》提供）

● 受國家教育部委託，京港學術交流中心於 1988 年開始在香港承擔港澳台人士報讀內地高校研究生的報名和考試工作。據教育部副部長田學軍 2022 年介紹：目前已有超過 1.8 萬名香港學生在內地 500 多所高校和科研院所就讀，逾 3.8 萬名內地學生在香港高校就讀。圖為設在香港理工大學的考場。（攝於 2010 年 4 月 17 日）

● 2014年3月19日，中國社會科學院及香港中文大學合作
建立「中國考古聯合研究基地」，在香港中文大學祖堯堂舉
辦掛牌儀式。該基地將結合兩地考古優勢，展開廣泛而深入
合作，包括中國古代玉器及華南史前文化研究。圖為香港中
文大學副校長張妙清與中國社會科學院副院長張江進行合作
文件簽署儀式。出席儀式的還有中文大學校長沈祖堯（後排
中）、中聯辦教育科技部部長李魯（後排右三）、考古學家王
巍（後排左二）、鄧聰（後排左一）等。（照片由鄧聰教授提供）

● 香港大學與上海復旦大學 1998 年合作開辦的 MBA 項目是
經國務院學位委員會批准的第一個香港高校與內地高校聯合
培養的 MBA 項目，現已為國家培養 2,500 名高層次的工商管
理人才。圖為該項目 2010 年的畢業典禮。

●2017年7月7日,「遼寧號」航空母艦訪港,在香港南丫島附近航行。(照片由新華社提供)

● 2017 年 7 月 8 日上午，參加香港回歸暨解放軍進駐香港 20
周年慶祝活動的遼寧艦航母編隊舉行艦艇開放活動，香港市
民冒雨登上遼寧艦參觀。圖為香港市民在遼寧艦飛行甲板與
官兵合影。(照片由《文匯報》提供)

● 2003 年 11 月初，航天英雄楊利偉訪港，在香港大球場受到
四萬名香港市民熱烈歡迎。

● 2008 年 12 月 7 日，在香港大球場舉行的「全港歡迎神舟七號載人航天飛行代表團大匯演」上，航天員翟志剛、劉伯明和景海鵬向觀眾獻唱《龍的傳人》。(照片由《文匯報》提供)

● 2008 年 8 月 29 日，國家奧運金牌選手訪港，在機場受到特
區政府和香港市民的隆重歡迎。

● 2021 年，內地奧運健兒訪港代表團訪問香港理工大學。（照片由新華社提供）

●上｜1999 年 5 月 7 日，中央政府向香港特區送贈一對大熊貓安安、佳佳。圖為大熊貓安安、佳佳在海洋公園展出。（照片由海洋公園提供）

●下｜2007 年，中央政府再贈送一對大熊貓盈盈、樂樂給香港。圖為盈盈、樂樂在香港海洋公園展出。（照片由海洋公園提供）

●上｜2009年開始，中央向香港特區送贈小熊貓，圖為中央贈港的小熊貓在海洋公園展出。（照片由海洋公園提供）

●下｜自2008年開始，內地全國水生野生動物保護分會多次向海洋公園捐贈國寶級的珍稀動物中華鱘。（照片由海洋公園提供）

四、
由亂至治
前途光明

在內外各種複雜因素的影響下，前幾年反中亂港勢力不斷滋長。2019 年香港發生「修例風波」，一度出現「港獨」猖獗、「黑暴」橫行的嚴峻局面，嚴重挑戰憲法和《基本法》的權威，嚴重威脅特別行政區及國家安全。

香港警隊勇敢、堅毅地站在止暴制亂的第一線。經過血與火的鍛造，香港警隊已經由城市治安警察發展成為一支維護香港穩定和國家安全的堅強可靠的執法力量。

在香港社會發展的關鍵時刻，為全面準確地貫徹「一國兩制」方針，中央果斷出手，全國人大制定《香港國安法》，做出完善香港特別行政區選舉制度的決定，確保「愛國者治港」，雙管齊下令香港實現由亂到治的歷史性轉變，「一國兩制」進入新的發展階段。

● 2019 年「修例風波」中，警隊在荃灣地區與暴徒對峙。（照片由新華社提供）

● 2019 年 10 月 1 日，灣仔區道路多處被暴徒縱火，警隊無所
畏懼向前推進。（照片由警察公共關係部提供）

● 左｜2019 年 9 月 4 日，警方於傳媒招待室記者會中會見傳媒及回答提問，澄清事實並表達止暴制亂的堅定立場和決心。（照片由警察公共關係部提供）。

● 右上｜2019 年「修例風波」中，香港警察在西環驅散暴徒。（照片由《文匯報》提供）

● 右下｜2019 年 9 月 8 日，新界南機動部隊警務人員於銅鑼灣崇光百貨門外協助市民離開並封鎖現場。（照片由警察公共關係部提供）

表决《全国人民代表大会关于建立健全香港特别行政区维护国家安全的法律制度和执行机制的决定（草案）》

出 口
EXIT

●2020 年 5 月 28 日，第
十三屆全國人民代表大會第
三次會議表決通過《全國人
民代表大會關於建立健全香
港特別行政區維護國家安全
的法律制度和執行機制的決
定》。（照片由中新社提供）

● 上｜2020 年 7 月 6 日，香港特別行政區維護國家安全委員會舉行首次會議，全體成員出席，由中央人民政府指派的國家安全事務顧問亦列席會議。（照片由政府新聞處提供）

● 下｜2020 年 7 月 1 日，香港市民集會慶祝香港回歸 23 周年及《香港國安法》頒佈。（照片由新華社提供）

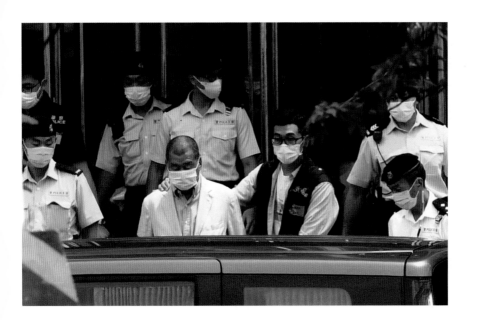

● 上｜2020 年 7 月 8 日，中央人民政府駐香港特別行政區維護國家安全公署在香港揭牌，董建華（右三）、梁振英（右二）、林鄭月娥（左二）、駱惠寧（左一）、鄭雁雄（右一）出席儀式。（照片由政府新聞處提供）

● 下｜2020 年 8 月 10 日，壹傳媒創辦人黎智英等 7 人以涉嫌違反《香港國安法》及串謀欺詐罪，被香港警方拘捕。（照片由中新社提供）

● 2021 年 2 月 22 日，全國政協副主席、國務院港澳事務辦公
室主任夏寶龍出席有關「愛國者治港」的專題研討會並發表
講話。（照片由紫荊雜誌社提供）

表決《全国人民代表大会关于完善香港特別行政区选举制度的决定（草案）》

● 2021 年 3 月 11 日，第十三屆全國人民代表大會第四次會議表決通過《全國人民代表大會關於完善香港特別行政區選舉制度的決定》。（照片由中新社提供）

● 2021 年 3 月 24 日，香港
中聯辦主任駱惠寧出席香港
各界「撐全國人大決定完善
選舉制度」連線聯署簽名成
果儀式。（照片由紫荊雜誌社
提供）

●上｜2021年9月20日，香港民建聯選委會選舉當選成員合照。（照片由紫荊雜誌社提供）

●下｜2021年香港特別行政區選舉委員會界別分組一般選舉投票於9月19日下午6時結束。這是完善香港特區選舉制度後舉行的首場選舉。（照片由紫荊雜誌社提供）

● 上│2021 年 11 月 21 日，多名立法會候選人在港島設街
站。圖為工聯會會長吳秋北（右）上前與新民黨黎棟國（左）、
廖添誠（中）打招呼，體現競爭但又友好的新選舉氛圍。（照
片由《文匯報》提供）

● 下│2021 年 12 月 12 日，民建聯主席李慧琼在灣仔替民建
聯議員候選人梁熙拉票。（照片由中新社提供）

●上 | 2021 年 11 月 26 日下午，香港再出發大聯盟舉辦 2021 年立法會換屆選舉「選舉委員會界別候選人論壇」，左起：陸頌雄、馬逢國、黃國、陳凱欣。（照片由《文匯報》提供）

●下 | 2021 年 12 月 20 日凌晨，香港特區第七屆立法會選舉選委會界別 40 個議席順利產生。（照片由香港 01 提供）

● 2022 年 1 月 3 日，新選制下當選的香港特區第七屆立法會
90 位議員合影。（照片由《文匯報》提供）

● 2022 年 5 月 30 日，國家主席習近平在釣魚台國賓館會見新
當選並獲中央政府任命的香港特別行政區第六任行政長官李
家超。（照片由新華社提供）

● 2022 年 5 月 30 日，候任行政長官李家超（左）在北京接受國務院總理李克強（右）頒發《國務院令》，任命他為中華人民共和國香港特別行政區第六任行政長官。（照片由新華社提供）

●2022 年 7 月 1 日，新任
行政長官李家超在國家主席
習近平監誓下，正式宣誓就
職。（照片由新華社提供）

鳴謝

外交部駐港特派員公署

政務司司長辦公室

政制及內地事務局

政府教育局

政府新聞處

基本法推廣督導委員會

警察公共關係部

新華社香港特區分社

中國新聞社香港分社

香港大公文匯傳媒集團

紫荊雜誌社

香港商報

香港大學

香港科技大學

南京大學台港澳辦公室

京港學術交流中心

香港中華文化促進中心

香港故宮文化博物館

海洋公園

健康快車香港基金

香港 01

香港升旗隊總會

鄧聰教授

葉農教授

姜增和先生

張志翔博士